Heike Baller

# Mein Jahr in Haiku

# Heike Baller

# Mein Jahr in Haiku

**Impressum**

Bibliografische Information der Deutschen Nationalbibliothek:
Die Deutsche Nationalbibliothek verzeichnet diese Publikation in der Deutschen
Nationalbibliografie; detaillierte bibliografische Daten sind im Internet über http://dnb.dnb.de
abrufbar.

© 2021  Heike Baller

Fotos: Heike Baller

Herstellung und Verlag: BoD – Books on Demand, Norderstedt

ISBN: **9783754327364**

Großreinemachen
im winterlichen Horst, denn
Frühling scheint nahe.

Unter fahlem Laub
plant den strahlenden Auftritt
der grüne Frühling.

Noch verborgen sind
die Blattknospen, doch schimmert
drüber grüner Glanz.

Flora treibt es bunt:

In Rosa, Lila und Gelb

leuchtet ihre Brut

Das Frühlingskonzert

beginnt im Bach des Waldes:

Die Frösche sind da!

Mit nur wenigen

Wurzelfasern geerdet

treibt die Weide es grün.

Frühlingssonnenlicht
sprenkelt Gold auf düstren Stamm,
spielt im Unterholz.

Prunus incisa

streckt rosa Blumensträuße

grüßend zum Himmel.

In Wurzelarmen

geborgen blüht's unverzagt:

das Buschwindröschen.

Als Schildpfahl missbraucht

erhebt der Baumstamm trotzig

sein lockiges Haupt.

Maiglöckchen spitzen
grün im Unterholz als ein
duftes Versprechen.

Der Kleiderwechsel

der Hainbuche scheucht braunes

Herbstlaub durchs Frühjahr.

Verdorrte Fichten

schreiben ins frische Maigrün

ihr Menetekel.

Der Frühling duftet

lila, weiß, intensiv – so

süß und vergänglich.

Umarmt der Flieder

die Birken? Vergnügt spinxt er

zu mir herüber.

Junges Grün leuchtet

gegen drohendes Tiefgrau –

gleich blitzt's und donnert's.

Die alten Buchen

stehen mit grünsamtenen

Füßen mir Spalier.

Für Päoniniensex

entblößt: der Staubgefäße

goldner Strahlenkranz.

Ein ringelnatzscher
Wolkenzupf – filigran ziert
er das Himmelblau.

Das Waldorchester:

Amsel, Drossel, Fink und Star -

plus Rotkehlchen-Groove.

Feuervergoldet

zieht's Abendwolken gen Ost –

ab ins dunkle Nichts.

Fauna in flore:

Löwenmäulchen wie auch -zahn

beißen niemanden.

Weißer Dampf steigt auf -
Sonnenstrahlen entlockten ihn
dem feuchten Gras.

Fantasietiere

im Unterholz: Baumstümpfe

spielen Theater.

Sich höher schraubend,

lichtumspielt vor dunklem Laub,

tanzen zwei Falter.

Mutige Blüte:

Die enge Kapsel sprengt sie,

entfaltet ihr Rot.

Die Sonnenstrahlen
zittern suchend durchs Geäst –
Spotlight auf ein Blatt.

Zerbrochne Birke –
knochenbleich leuchtet dein Stamm
aus dem Unterholz.

In den Vogelchor

klingt von oben der Sopran

des Bussardvaters.

Im Regen stehen
versonnen kahle Bäume.
„Zu spät …", flüstern sie.

Der gedeckte Tisch

unterm Birnbaum sammelt sie –

vertraute Menschen.

Der Regen ist da.

Er wäscht den Staub aus der Luft,

weckt den Sonnenduft.

Trauerlibelle?
Schwarze Flügel tragen den
blau glitzernden Leib.

Die Dämmerung fällt,

Blatt wie Blüte versinkt in

fifty shades of grey.

Am Wegrand entdeckt:

Mai-Dezember-Beziehung

bei schrägen Birken.

Perlfarben schimmert
das Licht durch Wolken, die
am Boden liegen.

Das raschelnde Laub
plaudert am Waldboden vom
vergangnen Sommer.

Der schräge Baumstamm
bietet Pilzen Platz – so wächst
die Feentreppe.

Goldlaub sinkt nieder.

Vom Waldboden leuchtet es

noch kurze Zeit auf.

Am Wegesrand liegt
halb verborgen im Laub ein
hölzernes Fohlen.

Herbstgrauer Himmel -
im Wald leuchten die Fackeln
aus Licht im Goldlaub

Wolken streicheln ihn -

Kahler Baum, windgezaust, ein

Bild der Einsamkeit.

Das luxuriöse
Stadtleben – Verkehrsrauschen
untermalt Waldstille.

Das letzte Herbstblatt
leuchtet entschlossen gegen
den grauen Himmel.

Neben dem Waldweg
haben Wildschweine des Nachts
die Erde gepflügt.

Dunkler Tannenzweig -

dahergewehte Blätter

schmücken ihn mit Gold.

Die letzten Rosen -

hell und warm beschienen von

Novembersonne

Die Bäume fallen,

doch nicht weit - die andern halten:

Nachbarschaftshilfe!

Ein schwarzer Vogel
auf winterdunklem Wasser -
ein Lichtreflex sprüht.

Das Licht bricht sich Bahn -

durch winterwindgezauste

Wolkenberge strahlt's.

Herausforderung
schlechthin: Der Engel, der mich
auf dein Wort hin führt.

# Heller Hammerschlag –
# Reparaturtätigkeit
# am schwanken Hochsitz

Schnee - frisch gefallen,

erhellt die Landschaft unter

Winternebelgrau.

Eisblumen glitzern,

verwandeln Blechkarossen

in Strass-Skulpturen.

Eine Frau jagt die Wintergoldhähnchen mit dem Teleobjektiv.

Wintersonnenlicht -

Durch die Wimpern funkelt es,

Schneereste glitzern.

Der leuchtend rote
Himmel im Advent gemahnt
ans Plätzchenbacken.

Frostvollmond mit Hof?
Der schwarze Bildschirm spiegelt
die Leselampe.

Erst Dornenhecke,

dann Zaun, mit dem großen Ziel,

Schotter zu schützen.

Gartenflüchtige

Schneeglöckchen schmücken den Wald,

Sonst winterlich kahl.

# So eine Art Nachwort

Im Herbst 2020 sprang mich mein erstes richtiges Haiku an. Schon seit Jahren wollte ich den Eindruck wiedergeben, den Herbstlaub an grauen Tagen auf mich ausübt – es ist gespeichertes Licht.

Und da war es – beim Spazierengehen formten sich die Wörter.

Von nun an waren Haiku meine Sache beim Spazieren, Wandern, Walken – meine Augen öffneten sich für die Klein- und Feinheiten um mich herum.

Und wer mich sah, konnte mich beim Fingerabzählen beobachten – die Silbenzahl musste stimmen.

Denn bevor ich anfing, meine Eindrücke schriftlich festzuhalten, musste ich eine Entscheidung treffen:

Genau 5 - 7 - 5 oder nur so ungefähr?

Im Japanischen beschreibt 5 - 7 - 5 die Silbenanzahl eines Haiku – eine festgelegte Form, um sich möglichst verknappt auszudrücken. Die japanische Sprache ist nun aber völlig anders strukturiert als unsere – Silben sind, verkürzt gesagt, immer Inhaltsträgerinnen. Artikel, gar bestimmte und unbestimmte – Fehlanzeige. Im Deutschen brauchen wir sie aber. Auch mit

Konjunktionen ist man im Japanischen sparsamer – im Deutschen geht es nicht ohne sie.

Es gibt zu der Strenge, mit der das originale Silbenschema eingehalten werden soll, im europäischen und deutschsprachigen Raum unterschiedliche Auffassungen, die alle ihre Berechtigung haben – mal streng, mal an unsere Sprachen mehr angepasst.

Ich habe mich für „genau 5 - 7 -5" entschieden. Als Herausforderung.

Ich hoffe, Sie haben Freude an meinem Gang durchs Jahr. Vielleicht bekommen Sie selbst ja auch Lust, solche Kurzgedichte zu schaffen. Ich würde mich freuen.


Herzliche Grüße
Heike Baller


PS: Ein Großteil der Haiku ist zuerst auf meinem Blog „Kölner Leselust" (https://www.koelner-leselust.de) erschienen. Dort werde ich sicher auch weitere posten, wenn auch nicht mehr wöchentlich. Auch hier sind Sie herzlich willkommen, wenn Sie kommentieren oder einfach nur stöbern wollen.

Köln, im Sommer 2021

In 60 Haiku spaziert Heike Baller durch das Jahr - von der
ersten Frühlingsahnung bis zum Spätwinter.

**BoD**

€ 4.99          CHF 7.50

# HERZLICH

Ein Gedicht über das Herz mit Herz-
Fotografien

Florian Fritz